So192084

NOV 2 5 2003

D1366797

Las estaciones

Invierno

Patricia Whitehouse

Traducción de Patricia Cano

Heinemann Library
Chicago, Illinois

Designed by Sue Emerson, Heinemann Library
Printed and bound in the U.S.A. by Lake Book

07 06 05 04 03
10 9 8 7 6 5 4 3 2 1

Library of Congress Cataloging-in-Publication Data
Whitehouse, Patricia, 1958–
   [Winter. Spanish]
   Invierno / Patricia Whitehouse ; traducción de Patricia Cano
      p. cm. — (Las estaciones)
Includes index.
   ISBN: 1-4034-0336-8 (HC), 1-4034-0554-9 (Pbk.)
   1. Winter—Juvenile literature. [1. Winter. Spanish language materials.] I. Title. II. Seasons
(Heinemann Library)
   QB637.8 .W4818 2002
   508.2—dc21

                                                        2002027258

Acknowledgments
The author and publishers are grateful to the following for permission to reproduce copyright material:
pp. 4, 5 J. A. Kraulis/Masterfile; p. 6 Spencer Grant/PhotoEdit; p. 7 Richard T. Nowitz/Corbis; p. 8 Mary Kate Denny/PhotoEdit; p. 9 Visuals Unlimited; p. 10 Robert A. Flischel/Mira.com; p. 11 Bob Thomas/Stone/Getty Images; p. 12 Warren Stone/Visuals Unlimited; p. 13T William Johnson/Stock Boston; p. 13B Luther C. Goldman/Visuals Unlimited; p. 14 Howard Sokol/Index Stock Imagery, Inc./PictureQuest; p. 15 Gregory A. Williams; p. 16 Robert W. Domm/Visuals Unlimited; p. 17 Dennis McDonald/PhotoEdit; p. 18 Burke/Triolo/Brand X Pictures; p. 19L Laurence Mouton/PhotoAlto; p. 19R Burke/Triolo/Brand X Pictures/PictureQuest; p. 20 Kent Dufault/Index Stock Imagery, Inc./PictureQuest; p. 21L Corbis Stock Market; p. 21R Burke/Triolo/Brand X Pictures/PictureQuest; p. 22 (row 1, L-R) C Squared Studios/PhotoDisc, 22 Ryan McVay/PhotoDisc; p. 22 (row 2, L-R) Siede Preis/PhotoDisc, C Squared Studios/PhotoDisc p. 22 (row 3, L-R) Nancy Sheehan/PhotoEdit, David Toase/PhotoDisc; p. 23 (T-B) C Squared Studios/PhotoDisc, Warren Stone/Visuals Unlimited, Doug Martin/Photo Researchers, Inc., Visuals Unlimited

Cover photograph by Rommel/Materfile
Photo Research by Scott Braut

Every effort has been made to contact copyright holders of any material reproduced in this book. Any omissions will be rectified in subsequent printings if notice is given to the publisher.

Special thanks to our bilingual advisory panel for their help in the preparation of this book:

Anita R. Constantino
Literacy Specialist
Irving Independent School District
Irving, Texas

Aurora Colón García
Literacy Specialist
Northside Independent School District
San Antonio, TX

Argentina Palacios
Docent
Bronx Zoo
New York, NY

Leah Radinsky
Bilingual Teacher
Inter-American Magnet School
Chicago, IL

Ursula Sexton
Researcher, WestEd
San Ramon, CA

Unas palabras están en negrita, **así**.
Las encontrarás en el glosario en fotos de la página 23.

Contenido

¿Qué es el invierno?

invierno

primavera

El invierno es una estación del año.

El año tiene cuatro estaciones.

verano	otoño

En muchas partes, vemos y hacemos
cosas distintas en cada estación
del año.

¿Cómo es el tiempo en el invierno?

En muchas partes el invierno es frío.

Cae lluvia helada o nieve.

En otras partes no hace frío
en el invierno.

¿Qué nos ponemos en el invierno?

En el invierno nos ponemos ropa que nos protege del frío.

Cuando salimos nos ponemos gorro y **mitones.**

A veces también necesitamos botas y **pantalones de nieve.**

¿Qué sentimos en el invierno?

Sentimos el viento frío.

Sentimos la nieve que nos moja.

Sentimos un suéter suave.

Sentimos el calor de una **chimenea**.

¿Qué vemos en el invierno?

Vemos el humo de las **chimeneas.**

Vemos el aliento cuando respiramos.

Vemos animales que buscan alimento.

A veces vemos pájaros o ardillas.

¿Qué olemos en el invierno?

Olemos el humo de las **chimeneas**.

También olemos la madera.

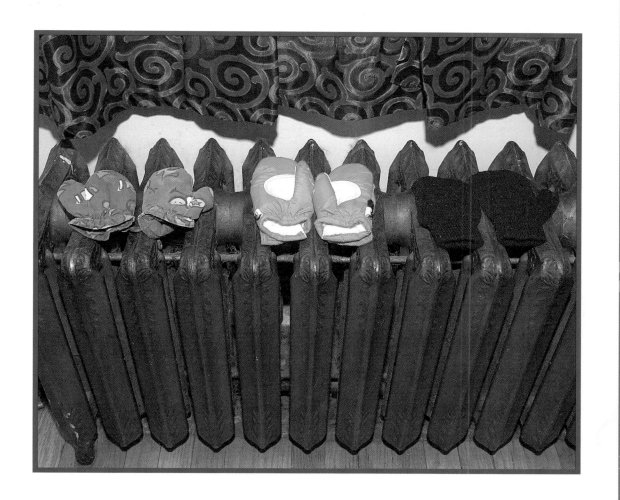

Olemos mitones mojados que
se secan.

¿Qué oímos en el invierno?

Oímos la nieve que cae en las ventanas.

Oímos **carámbanos** que caen.

Oímos la nieve cuando pisamos.

Oímos palas en las aceras.

¿Qué probamos en el invierno?

Probamos chocolate caliente.

Nos calienta cuando entramos de la calle.

Probamos sopa caliente.

Probamos dulces del invierno.

¿Qué hacemos en el invierno?

Podemos hacer ángeles de nieve.

Abre los brazos y mueve las piernas.

Enero

D	L	M	M	J	V	S
		(1)	2	3	4	5
6	7	8	9	10	11	12
13	14	15	16	17	18	19
20	21	22	23	24	25	26
27	28	29	30	31		

Febrero

D	L	M	M	J	V	S
					1	2
3	4	5	6	7	8	9
10	11	12	13	(14)	15	16
17	18	19	20	21	22	23
24	25	26	27	28		

Podemos celebrar las fiestas del invierno.

El Año Nuevo y el Día de la Amistad son fiestas del invierno.

21

Prueba

¿Qué nos ponemos en el invierno?

 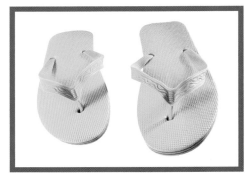

22

Glosario en fotos

botas
páginas 9, 17

chimenea
páginas 11, 12, 14

carámbano
página 16

**pantalones
de nieve**
página 9

Nota a padres y maestros

Leer para buscar información es un aspecto importante del desarrollo de la lectoescritura. El aprendizaje empieza con una pregunta. Si usted alienta a los niños a hacerse preguntas sobre el mundo que los rodea, los ayudará a verse como investigadores. Cada capítulo de este libro empieza con una pregunta. Lean la pregunta juntos, miren las fotos y traten de contestar la pregunta. Después, lean y comprueben si sus predicciones son correctas. Piensen en otras preguntas sobre el tema y comenten dónde pueden buscar la respuesta. Ayude a los niños a usar el glosario en fotos y el índice para practicar nuevas destrezas de vocabulario y de investigación.

Índice